Textes et recettes : *Stéphane DUPRÉ.*

Photographies et stylisme : *Claudia ALBISSER-HUND.*

Graphisme : *Élisabeth CHARDIN.*

Coordination : *SAEP/Éric ZIPPER.*

Composition et photogravure : *SAEP/Arts Graphiques.*

Impression : *Union Européenne.*

CONCEPTION : SAEP CRÉATION - 68040 INGERSHEIM - COLMAR

Cuisine à la vapeur

saep

Introduction

Les premières cuissons sont contemporaines de la découverte du feu, dont elles auraient constitué un des premiers usages. Cette maîtrise et son utilisation ont permis à l'homme de se différencier de l'animal, cantonné dans le monde « du cru » (sauf chez certains primates évolués). La cuisson a une fonction fondamentale au niveau nutritionnel, celle de rendre certains aliments plus digestes et sains. Elle permet aussi de varier les recettes et donc les plaisirs. Depuis des époques lointaines, la gamme des modes de cuisson n'a cessé de s'élargir. L'évolution de la technicité des appareils ménagers depuis le début de l'ère industrielle n'a fait que renforcer ce phénomène. Ces dernières années, des innovations techniques, initialement réservées aux seuls professionnels, sont devenues accessibles au grand public (comme le four vapeur) et améliorent encore les résultats des recettes.

Les cuissons à la vapeur permettent de mieux conserver (que la cuisson à l'eau, par exemple) la valeur nutritionnelle des aliments et leurs arômes car soit le temps de cuisson est plus court (autocuiseur), soit les aliments cuisent dans leur propre eau de constitution (vapeur et papillote). Les pertes en vitamines et minéraux sont moins importantes. Dans le même temps, et assez classiquement, les légumes restent croquants, signe d'une cuisson modérée respectant par là même les qualités intrinsèques des aliments.

L'utilisation de l'autocuiseur est intéressante pour préparer les légumes secs (flageolets, lentilles, pois chiches...) ou certaines viandes (osso buco, rouelle de porc, queue de bœuf...) ayant besoin d'être cuits normalement plus longtemps, afin de les attendrir dans les autres modes de cuisson. Le résultat gustatif sera d'autant marqué, plus fondant (et fera faire des économies d'énergie).
Certains appareils électriques (mais aussi l'autocuiseur) permettent généralement de cuire en même temps le plat principal et son accompagnement, d'où un gain de temps (et aussi d'énergie) mais aussi de saveur car les arômes se mélangent et s'harmonisent.

La cuisine à la vapeur n'est, de plus, pas réservée aux seuls légumes et poissons : d'excellentes recettes de viande existent également, tout comme pour les desserts.
Il n'est pas forcément besoin de s'équiper de matériel encombrant pour faire ses premiers pas. Le panier d'un autocuiseur fera tout à fait l'affaire. Et les fours à micro-ondes peuvent aisément servir à mettre en œuvre cette t echnique de cuisson avec de simples récipients en plastique.

Nous allons principalement développer dans cet ouvrage des recettes utilisant des appareils de cuisson à la vapeur électriques.

À vous d'explorer cet univers !

Comment cela marche-t-il ?

Rappelons, tout d'abord, que la cuisine à la vapeur assure de préserver au maximum le goût original des aliments. Elle préserve aussi leurs caractéristiques nutritionnelles bénéfiques intrinsèques. Elle évite aussi naturellement de les alourdir en graisses diverses et multiples. Bref, c'est bon pour le goût, bon pour la santé et bon pour la ligne !

Le principe de base est simple : de l'eau qui bout, produisant de la vapeur d'eau qui monte dans le récipient, et un couvercle qui retient la vapeur et les arômes. On distingue deux grands types de vapeur :

- la vapeur « douce », qu'on obtient facilement avec un récipient, un panier à trou et un couvercle (ou des modes de production autonome en vapeur) ;
- la vapeur « sous pression », obtenue avec un autocuiseur, qui permet une cuisson encore plus rapide.

Le principal avantage de la vapeur « douce » est de mieux préserver les vitamines (très sensibles à la chaleur) car elle ne dépasse jamais les 100 °C. La vapeur « sous pression » fait gagner du temps. À varier et à moduler selon les circonstances et les recettes. Une autre occasion de cuisiner différemment...

Une grande variété d'ustensiles...

Du panier en bambou utilisé par les Chinois depuis des millénaires aux fours modernes avec fonction vapeur, découvrez tous les appareils permettant de cuire à la vapeur, et testez ceux qui vous conviennent le mieux (selon vos besoins, la place dans votre cuisine, votre budget...).

Le panier en bambou

La cuisine à la vapeur n'a rien de nouveau, puisque les Chinois la pratiquent depuis plus de trois mille ans ! Les paniers de bambou n'ont pas changé ou évolué depuis leur création. On peut aisément en superposer deux ou trois dans un wok, dans une grande poêle ou dans une casserole (avec ou sans support spécifique) dont le fond est rempli d'eau mise à bouillir.

L'autocuiseur

L'autocuiseur est le champion de la rapidité. En effet, la cuisson sous pression permet de réduire, en moyenne, de moitié le temps de cuisson d'un aliment (par rapport à une cuisson à l'eau). Attention à bien contrôler le temps de cuisson pour ne pas obtenir un résultat trop cuit. Les nouveaux modèles (dits « basse pression ») permettent d'ouvrir le récipient durant la cuisson afin de mieux la surveiller ou d'ajouter des ingrédients. Et, bien sûr, en plus de cuire à la vapeur, l'autocuiseur permet de décongeler, de saisir, de mijoter...

Le cuiseur vapeur

C'est le plus traditionnel des ustensiles, le plus simple à utiliser et aussi le moins cher. Un simple panier (le plus souvent pliable, il est en métal ou en silicone), un récipient avec de l'eau (sans contact avec les aliments mis dans le panier) et un couvercle. On pose le tout sur la cuisinière. Autre avantage, on peut, à tout moment, vérifier la cuisson des aliments en soulevant le couvercle.

Le cuiseur vapeur électrique

Cet appareil, un des derniers-nés de la cuisson à la vapeur, permet de cuire simultanément différents types d'aliments, certains comprenant même un compartiment pour le riz. L'avantage est que, muni d'une minuterie automatique, il s'arrête lorsque le temps de cuisson est écoulé. Les modèles les plus récents ont plusieurs compartiments qui sont non plus superposés mais côte à côte, évitant les mélanges des jus de cuisson.

Les recettes présentées dans cet ouvrage utiliseront cet appareil.

Le four à micro-ondes avec fonction vapeur

Il existe aujourd'hui des fours à micro-ondes multicuisson qui, en plus des fonctions « décongélation » ou « gril », proposent un accessoire permettant de cuire à la vapeur. Avec l'avantage que des capteurs analysent le taux d'humidité de l'aliment à cuire ou à réchauffer et ajustent la puissance du four ainsi que le temps de cuisson.

Le four vapeur

Il existe des fours vapeur avec système de production autonome. Initialement réservés aux professionnels des métiers de bouche, ces produits grand public très efficaces se trouvent désormais à des prix relativement abordables. Ils permettent aussi de réaliser des cuissons à basse température. Une complémentarité qui rend l'acquisition d'un tel équipement fort opportune pour élargir la gamme des préparations culinaires « maison ».

On peut aussi s'en sortir autrement…

Si vous n'avez aucun de ces appareils à la maison, mais que vous disposiez d'une grande passoire, d'une casserole et d'un couvercle, alors, tout n'est pas perdu. Mettez de l'eau à bouillir dans le fond de la casserole, placez les aliments dans le panier, placez ce panier dans la casserole en prenant garde que les aliments ne touchent pas l'eau, puis mettez le couvercle. La cuisson à la vapeur, c'est aussi simple que cela !

Mais aussi, de façon plus basique…

Certaines recettes traditionnelles reprennent le même principe de cuisson à la vapeur comme la cuisson en croûte de sel ou dans une pâte à pain, ou encore dans une coque d'argile hermétiquement close qu'il suffit de briser après cuisson (c'est la cuisson dite « du mendiant », très appréciée en Chine du Nord).
Certains ustensiles occidentaux reprennent aussi ce principe en utilisant un récipient de terre composé de deux parties et nommé « diable ».

Il est aussi possible de cuire à la vapeur avec un simple couscoussier.

… ou plus actuelle

Des systèmes culinaires multifonction existent aussi sur le marché très concurrentiel des appareils ménagers. Ces produits sont « haut de gamme » (par leurs prix) et assurent les fonctionnalités de différents appareils en un seul, dont une efficace fonction de cuisson à la vapeur. À réserver aux petites cuisines.

Mais pourquoi cuisiner à la vapeur ?

Vapeur rime avec fraîcheur, saveur, minceur... Tout le monde est unanime pour dire que ce mode de cuisson est plein de bienfaits. Mais quels sont-ils exactement ?

Une richesse de goûts

Contrairement aux idées reçues, la cuisine à la vapeur ne manque pas de saveurs. Au contraire, elle permet de préserver le goût naturel des aliments.
Le petit plus : aromatisez le liquide de cuisson avec des herbes, des épices, des cubes de bouillon, du fumet de poisson ou encore remplacez l'eau de cuisson par du vin blanc, du bouillon de viandes, du jus de citron dilué...
En outre, le jus des aliments, recueilli dans un bol « récupérateur », constitue un excellent ingrédient de base pour des bouillons ou des sauces très aromatiques et assez simples à réaliser ; il suffit d'ajouter un peu de crème fraîche (allégée ou non), ou de la moutarde, ou des jaunes d'œufs (il sera nécessaire de faire cuire doucement à la casserole la préparation sans cesser de remuer, pour faire épaissir la sauce), et la sauce de nappage est prête.

Une préservation des qualités intrinsèques des aliments

La cuisson à la vapeur, parce qu'elle est rapide et s'effectue sans contact direct avec l'eau, préserve les qualités nutritionnelles des aliments (par absence de phénomène de dilution dans l'eau de cuisson, par exemple). Prenons le cas du brocoli, qui, cuit à la vapeur, contient encore 84 % de sa vitamine C contre 30 % lorsqu'il est cuit à l'eau.

Remarques

- Évitez aussi souvent que possible d'éplucher les légumes avant de les cuire : leur peau contient une grande partie des vitamines. Brossez-les énergiquement, sous un filet d'eau, à l'aide d'une brosse à ongle, par exemple.
- Glissez une feuille de papier sulfurisé percée de quelques trous au fond du panier de cuisson de votre ustensile. Vous atténuerez encore plus la chaleur « directe » préservant donc mieux les teneurs en vitamines des aliments mais prolongeant un peu le temps de cuisson.

Des aliments « préservés »

Comme la chaleur de la vapeur est douce, elle se diffuse lentement au sein des aliments, respectant ainsi leur structure au niveau cellulaire. Les légumes restent alors plus croquants, les poissons ne s'émiettent pas comme lorsqu'ils sont cuits à l'eau, et les viandes restent moelleuses (pas de phénomène de dessèchement).

De jolies couleurs

Les aliments naturellement colorés gardent leur jolie teinte lors de la cuisson, qui n'altère pas, ou peu, les pigments. Pour les légumes ou fruits pelés

(les poires, par exemple) qui ont tendance à brunir à la cuisson (oxydation), vous pouvez les frotter avec un demi-citron avant de les disposer dans le panier cuisson.
Vous pouvez aussi jouer avec les variétés, et les couleurs, des fruits et légumes pour compenser la non-coloration de certains aliments (du fait du mode de cuisson : voir partie spécifique sur ce point) qui apparaîtraient plus fades.
Des mélanges de trois poivrons, par exemple, ou du chou-fleur avec du chou romanesco ou des brocolis...

Un gain de temps

La cuisson à la vapeur vous permet de gagner du temps dans la préparation de vos repas, y compris avec des ustensiles fonctionnant sans mise sous pression de la vapeur. Ne pensez pas que seul l'autocuiseur est champion pour cette rapidité. Les appareils actuels vous permettent de cuire plusieurs aliments à la fois (par exemple les légumes en haut, le poisson au milieu et le riz en bas), voire de cuisiner en une seule fois tous les composants de votre plat principal ou de votre repas.
De plus, vous êtes assuré que rien ne va déborder, attacher ou brûler. Vous n'avez pas besoin de rester pour surveiller ni de récurer les casseroles par la suite : simplement, le panier cuisson passe plus souvent au lave-vaisselle ! En outre, la plupart des appareils électriques sont équipés de minuteries et d'arrêt automatique, vous pouvez rester « zen ».

Pourquoi la cuisine à la vapeur n'est-elle pas si souvent utilisée au quotidien ?
Elle devrait pourtant l'être davantage ! Elle possède une mauvaise image, liée aux régimes, à la fadeur, à la morosité, alors que c'est tout le contraire ! Par exemple, quand on parle de haricots verts cuits à la vapeur, vous ne « rêvez » pas, alors qu'ils sont délicieux cuits ainsi : ils gardent leur croquant et leur goût naturel. Ajoutez un soupçon d'épices, un filet d'huile d'olive et un peu de fleur de sel : un régal.
De plus, cela n'a rien de compliqué.
En fait, ce n'est pas tant le mode de cuisson qui est à « critiquer » que le choix de la qualité des aliments d'origine. Sans l'ajout de matières grasses, puissants exhausteurs de goût (masquant parfois, dans certaines recettes, l'absence de goût de certains aliments), le choix de produits frais et de saison fera toute la différence. À bons produits, résultats gustatifs exceptionnels.

Une simple recommandation : placez votre cuit-vapeur sur le plan de travail dans votre cuisine (et non au fond d'un placard). Vous éviterez d'avoir à le sortir à chaque utilisation et y penserez ainsi plus souvent. Son utilisation peut être quotidienne, que cela soit pour décongeler, réchauffer, cuire et même mijoter. On peut presque tout faire avec (sauf les fritures !). De plus, c'est une cuisine « inratable » puisque les aliments ne risquent guère de trop cuire ou de se dessécher. De grands avantages pour un appareil ménager somme toute assez « simple » et financièrement abordable.

Il vous reste à découvrir les suggestions des recettes suivantes et à décliner les vôtres !
Bon appétit.

Un petit inconvénient...

Tous les aliments peuvent être cuits à la vapeur, comme les légumes, qui garderont leur teneur optimale en vitamines et en minéraux, mais aussi les viandes, qui, cuites ainsi, ne brûleront pas. Pour le poisson, c'est le plus simple des modes de cuisson mais aussi le plus facile car rapide, inratable et sans odeur !
Le revers de la médaille est qu'aucun aliment ne sera doré ni croustillant. Un aspect pouvant déconcerter ceux qui ne sont pas habitués à cette cuisson. Dans le même temps, les aliments sont plus moelleux et savoureux. Si l'aspect « esthétique » peut être un « frein » pour réaliser des préparations, vous pouvez toujours colorer les aliments à la poêle avant de terminer la cuisson à la vapeur. Vous réaliserez alors, hors la cuisson à la vapeur, la fameuse coloration plus appétissante dite réaction de Maillard (aussi dénommée « brunissement non enzymatique »), du nom d'un chimiste nancéen du XXe siècle, Louis-Camille Maillard.
Il s'agit de réactions chimiques (entre les protéines et les sucres des aliments) d'une grande importance en cuisine qui apparaissent lors des cuissons au-delà de 145 °C et entraînent le brunissement des aliments et la formation de nombreux composés savoureux par une sorte de caramélisation en surface.
Rissoler, saisir, faire dorer, griller sont des méthodes culinaires qui activent ces réactions chimiques. Ces phénomènes ne se produisent donc pas lors de la cuisson à la vapeur (ni dans un court-bouillon) ni lors de la cuisson au four à micro-ondes, dans lequel les aliments ne dépassent pas 100 °C (température d'ébullition de l'eau), sauf à utiliser des récipients spécifiques vendus pour cela.
Si ces réactions chimiques apportent aux aliments de la couleur et des arômes, en revanche, elles ont aussi des effets « défavorables », notamment sur certaines vitamines sensibles à la chaleur.
Pour les activer sur vos aliments cuits à la vapeur, il vous suffit de saisir l'aliment, à chaud, dans une poêle, par exemple, avant de procéder à la cuisson vapeur. Une petite astuce qui permettra de convaincre les plus récalcitrants.

Le cuiseur vapeur électrique : l'outil de prédilection pour les recettes de cet ouvrage

Composé, classiquement, de plusieurs compartiments (deux ou trois) selon le modèle et équipé de bols dans lesquels on dispose les aliments, le cuiseur vapeur peut servir à cuire simultanément plusieurs produits, la vapeur n'entraînant que peu les arômes.
La capacité des appareils varie généralement de 6 à 9 litres (volume des bols). La présence de grilles amovibles permet de moduler les capacités et ainsi de cuire des aliments plus volumineux, comme un poulet ou un poisson entiers.
Pour la praticité, une minuterie assure un arrêt automatique de l'appareil dès la cuisson achevée et vous le fait savoir en déclenchant une sonnerie. Les modèles les plus sophistiqués comportent même un programmateur permettant de différer le début de cuisson, ainsi qu'une fonction de maintien au chaud.

Astuces

Pour réduire le temps de cuisson, remplissez le réservoir de l'appareil avec de l'eau tiède.
Par ailleurs, ne serrez pas trop les aliments dans les bols pour que la vapeur circule bien. Essayez au maximum de cuisiner des morceaux de même taille pour une cuisson harmonieuse et régulière. Si cela se révèle impossible, placez-les en couches, avec les plus petits morceaux sur le haut du panier de cuisson.

OFF
10
20
30
CUISSON
MPLY INVENTS

Velouté de courgettes,
page 14

Cuisine à la vapeur
Entrées

Des recettes traditionnelles ou plus actuelles,
une façon pas toujours habituelle
d'envisager le début du repas.

Velouté de courgettes

Pour 4 personnes
Recette très facile
Recette peu coûteuse
Préparation : 15 minutes
Cuisson : 15 minutes

Ingrédients
8 petites courgettes
1 gousse d'ail
8 feuilles de basilic
150 g de ricotta
1 cuil. à café de jus de citron
20 g de parmesan (facultatif)
Sel, poivre.

1. *Laver les courgettes et les couper en fines rondelles. Les déposer avec la gousse d'ail épluchée et 4 feuilles de basilic dans le panier inférieur du cuiseur vapeur.*
2. *Faire cuire pendant 15 minutes.*
3. *Retirer du bol les courgettes al dente et les mixer avec la ricotta, le restant de basilic et le jus de citron.*
4. *Rectifier l'assaisonnement.*
5. *Au moment de servir, émietter le parmesan par-dessus.*
6. *Servir chaud, tiède ou froid.*

Fonds d'artichaut au plat

Pour 4 personnes
Recette très facile
Recette raisonnable
Préparation : 5 minutes
Cuisson : 25 minutes

Ingrédients
4 fonds d'artichaut surgelés
20 g de beurre
4 œufs
Cumin (facultatif)
Sel, poivre.

1. *Déposer les fonds d'artichaut surgelés dans le bol inférieur et cuire 20 minutes à la vapeur. Les égoutter.*
2. *Dans chaque fond, mettre 1 noisette de beurre. Assaisonner et casser les œufs dans les fonds d'artichaut. Les assaisonner.*
3. *Disposer les fonds d'artichaut garnis dans le bol et cuire 5 minutes à la vapeur.*
4. *Saupoudrer de cumin.*
5. *Servir aussitôt.*

Pour 4 personnes
Recette très facile
Recette peu coûteuse
Préparation : 20 minutes
Cuisson : 15 minutes
Repos : 1 heure

Ingrédients

250 g de carottes
200 g de haricots verts
1 piment oiseau
300 g de chou
100 g de chou-fleur (bouquets)
1 cuil. à soupe de gros sel de mer
3 gousses d'ail
2 cuil. à soupe d'huile d'olive
20 g de gingembre frais
1 cuil. à café de curry
1 oignon rouge
1 cuil. à soupe de vinaigre de xérès.

Légumes marinés

1. Peler les carottes, équeuter les haricots et vider le piment. Couper les haricots dans le sens de la longueur et tous les autres légumes ainsi que le chou en lamelles fines de 3 mm d'épaisseur, à l'aide d'une mandoline (c'est plus facile).
2. Les mettre dans un saladier avec le chou-fleur (duquel on aura prélevé de petits bouquets) et le gros sel.
3. Malaxer à la main pendant 3 minutes.
4. Couvrir d'un torchon et laisser reposer pendant 1 heure.
5. Éplucher les gousses d'ail et les couper en très fines tranches. Les mettre dans un ramequin avec l'huile, le gingembre râpé et le curry. Mélanger et placer dans le panier inférieur du cuiseur vapeur. Éplucher l'oignon, le couper en rondelles et le mettre dans les autres paniers. Répartir au-dessus le mélange de légumes et faire cuire 15 minutes.
6. Remettre les légumes encore craquants dans un saladier, verser dessus l'huile chaude, mélanger avec une cuillère avant de verser le vinaigre préalablement chauffé dans une casserole, bouillant.
7. Couvrir et laisser refroidir.

Cette préparation peut rester au réfrigérateur plusieurs jours à condition d'être bien tassée dans une terrine et recouverte d'huile.

Pour 4 personnes
Recette difficile
Recette peu coûteuse
Préparation : 20 minutes
Cuisson : 20 minutes

Ingrédients
2 escalopes de poulet
1 côte première de porc
Un soupçon d'huile d'olive
2 oignons blancs émincés (avec leurs tiges)
1 cuil. à soupe de gingembre frais haché
1 cuil. à soupe de coriandre fraîche hachée
3 cuil. à soupe de sauce de soja
1 paquet de pâtes à wonton
Sel, poivre.

Bouchées wonton

1. Faire cuire les viandes dans une poêle chaude avec l'huile. Assaisonner puis hacher (au hachoir gros trous).
2. Dans un bol, mélanger les viandes hachées avec les oignons blancs, le gingembre, la coriandre, la sauce de soja. Rectifier l'assaisonnement.
3. Étaler une pâte à wonton et badigeonner le pourtour d'un peu d'eau (ou de jaune d'œuf).
4. Déposer 1 petite cuillerée de la préparation au centre de chaque pâte.
5. Replier les pâtes en deux sur la préparation et presser fermement le pourtour pour sceller.
6. Déposer dans le panier inférieur du cuiseur vapeur.
7. Faire cuire pendant 10 minutes.
8. Servir chaud avec de la sauce de soja.

Ces bouchées se congèlent bien : on peut en faire en quantité ! Pour satisfaire une fringale, ou des invités surprise, on n'aura qu'à les réchauffer pour obtenir en un tournemain des « amuse-bouches santé ».

Pain de viande

Pour 4 personnes
Recette très facile
Recette peu coûteuse
Préparation : 10 minutes
Cuisson : 30 minutes
Repos : 2 jours

Ingrédients
100 g de pain rassis (2 ou 3 tranches)
Quelques cuillerées de lait demi-écrémé
300 g d'un mélange haché de porc (échine) et de bœuf (morceau à fondue)
1 œuf
1 petit oignon émincé
1 cuil. à soupe de tiges de persil plat en tronçons
1 feuille de laurier
1 branche de thym
1 cuil. à soupe de porto ou de madère
Sel, poivre.

1. *Faire tremper quelques instants la mie de pain (sans croûte) dans un peu de lait.*
2. *Mélanger la viande avec l'œuf, l'oignon, le persil, la feuille de laurier, le thym et le pain essoré de son surplus de liquide. Bien malaxer à la main. Ajouter l'alcool. Assaisonner.*
3. *Mettre le mélange dans une terrine de la taille du cuiseur vapeur et placer celle-ci dans le panier inférieur du cuiseur vapeur.*
4. *La couvrir d'une feuille de papier sulfurisé.*
5. *Faire cuire 30 minutes. Vérifier la cuisson avec un couteau (la prolonger si nécessaire).*
6. *Égoutter le pain de viande, après cuisson, de l'excès de graisse fondue.*
7. *Le passer quelques instants sous le gril du four pour une croûte dorée.*
8. *Laisser refroidir et « rassir » pendant 2 jours au réfrigérateur (terrine fermée).*

Servir frais avec de la salade et des cornichons.

Pour 4 personnes
Recette difficile
Recette raisonnable
Préparation : 10 minutes
Cuisson : 15 minutes
Repos : 5 heures

Pour le bavarois
2 poivrons rouges
Piment de Cayenne
4 feuilles de gélatine
10 cl de bouillon de volaille
10 cl de crème fraîche liquide entière
Sel, poivre.

Pour le carpaccio
1 filet de poisson blanc (style flétan)
2 cuil. à soupe de jus de citron
4 cuil. à soupe d'huile d'olive
Fleur de sel, poivre blanc.

Carpaccio de poisson et bavarois de poivrons

1. Peler les poivrons frais et les faire cuire à la vapeur 15 minutes. Enlever les graines.
2. Mixer avec le piment de Cayenne (quantité selon le goût souhaité). Rectifier l'assaisonnement. Puis réserver.
3. Faire tremper la gélatine dans l'eau froide. Faire chauffer le bouillon, y incorporer la gélatine essorée. Mélanger à la purée de poivrons.
4. Incorporer dans la préparation refroidie la crème montée en chantilly.
5. Laisser réfrigérer au moins 4 heures.
6. Préparer le carpaccio en découpant de « minuscules » lamelles de poisson, recouvrir d'un mélange de jus de citron, d'huile d'olive, de sel et de poivre. Couvrir d'un film et réfrigérer au moins 1 heure.
7. Pour l'apéritif, présenter, dans des cuillères chinoises, un petit morceau de poisson recouvert de mousse de poivrons. Décorer avec un brin d'aneth.

En entrée, dresser à l'assiette sur un lit de mesclun.

On peut aussi remplacer le poisson par quelques coquilles Saint-Jacques.

Flan bleu,
page 22

Flan bleu

Pour 4 personnes
Recette très facile
Recette raisonnable
Préparation : 15 minutes
Cuisson : 20 minutes

Ingrédients
250 g de bleu des Causses
2 cl de crème fraîche
4 œufs + 2 jaunes
50 g de noisettes effilées
Sel, poivre.

1. Mixer le bleu des Causses avec la crème, ajouter les œufs et les jaunes. Assaisonner.
2. Incorporer les noisettes effilées.
3. Répartir la préparation dans 4 ramequins beurrés. Les couvrir d'un film alimentaire.
4. Les placer dans le bol inférieur du cuiseur vapeur. Faire cuire 20 minutes.
5. Démouler ou non.
6. Servir tiède ou froid.

Flan de chèvre et compote de poireaux

Pour 4 personnes
Recette très facile
Recette peu coûteuse
Préparation : 15 minutes
Cuisson : 50 minutes

Ingrédients
25 cl de lait demi-écrémé
25 cl de crème fraîche « cuisson » allégée à 15 % de M.G.
150 g de fromage de chèvre frais
5 gros œufs
1 sachet de poireaux en rondelles surgelés
Sel, poivre.

1. Mixer au robot tous les ingrédients, sauf les poireaux.
2. Faire cuire les poireaux 15 minutes dans le panier inférieur du cuiseur vapeur. Les incorporer au mélange précédent.
3. Rectifier l'assaisonnement.
4. Verser la préparation dans des ramequins individuels.
5. Faire cuire dans le cuiseur vapeur pendant environ 35 minutes.

Œufs cocotte à la coriandre

Pour 4 personnes
Recette très facile
Recette raisonnable
Préparation : 5 minutes
Cuisson : 20 minutes

Ingrédients
Huile
4 œufs
20 cl de lait de coco
100 g d'œufs de saumon
4 cuil. à café de coriandre fraîche ciselée
Quelques graines de coriandre.

1. Huiler très légèrement 4 ramequins (ou utiliser des moules en silicone) ayant des bords assez hauts.
2. Casser 1 œuf dans chaque ramequin. Ajouter 2 cuillerées à soupe de lait de coco, 25 g d'œufs de saumon, la coriandre hachée grossièrement et quelques graines de coriandre. Assaisonner.
3. Déposer les ramequins dans le panier inférieur du cuiseur vapeur.
4. Faire cuire pendant 20 minutes.
5. Servir aussitôt.

Rouleaux printaniers aux crevettes

Pour 8 rouleaux
Recette difficile
Recette chère
Préparation : 10 minutes
Cuisson : 5 minutes

Ingrédients
350 g de crevettes moyennes cuites et décortiquées (environ 50)
3 cuil. à soupe de sauce de soja
1 cuil. à soupe d'huile de sésame
340 g de légumes variés coupés en fine julienne (surgelés)
4 cuil. à soupe de menthe fraîche ciselée
8 galettes de riz de 22 cm de diamètre.

1. Mélanger tous les ingrédients à l'exception des galettes de riz.
2. Dans un grand bol rempli d'eau chaude, faire tremper une galette de riz à la fois, pendant environ 30 secondes. Retirer la galette de l'eau et déposer sur un linge sec. L'éponger.
3. Déposer 1/8 du mélange, replier les côtés de la galette vers le centre et rouler fermement.
4. Répéter l'opération huit fois.
5. Mettre dans le panier inférieur du cuiseur vapeur.
6. Faire réchauffer 5 minutes.
7. Servir accompagné de sauce de soja.

Moules au curry, page 26

Cuisine à la vapeur
Poissons

Des recettes simples pour un résultat gustatif garanti.
Une large palette de préparations
pour réconcilier un mode de cuisson
avec les plaisirs de la table.

Moules au curry

Pour 2 personnes
Recette très facile
Recette peu coûteuse
Préparation : 10 minutes
Cuisson : 15 minutes

Ingrédients
2 cuil. à soupe d'huile de tournesol
15 g de beurre
2 petits oignons émincés
1 poire bien mûre découpée en petits cubes
1 pomme découpée en petits cubes
1 cuil. à soupe de curry en poudre
1/2 cuil. à café de cumin en poudre
6 cl de vin blanc
1 kg de moules nettoyées
10 cl de lait de coco
2 cuil. à café de coriandre fraîche hachée (facultatif).

1. Dans une poêle chaude, faire revenir dans l'huile et le beurre les oignons, les fruits, le curry et le cumin à feu doux pendant 5 minutes en remuant souvent.
2. Augmenter la chaleur, verser le vin blanc. Faire cuire 2 minutes.
3. Mettre la sauce dans le bol du cuiseur vapeur puis le bol dans le panier inférieur.
4. Répartir les moules dans les autres paniers.
5. Faire cuire jusqu'à ce que toutes les moules soient ouvertes en remuant souvent pour obtenir une cuisson uniforme.
6. Réserver les moules au chaud dans le cuiseur.
7. Remettre la sauce dans la poêle puis ajouter le lait de coco.
8. Faire réduire 3 minutes.
9. Dresser sur les moules, verser la sauce dessus puis ajouter la coriandre.

Moules pimentées

Pour 2 personnes
Recette très facile
Recette peu coûteuse
Préparation : 5 minutes
Cuisson : 15 minutes

Ingrédients
12,5 cl de vin blanc
1 cuil. à soupe de persil haché
1 gousse d'ail écrasée sans le germe
12,5 cl de crème fraîche à 15 % de M. G.
1 piment rouge haché finement (quantité selon le goût désiré)
1 kg de moules nettoyées
Sel, poivre.

1. Préparer la sauce : dans une casserole, faire chauffer (à feu doux) pendant 5 minutes, en remuant souvent, tous les ingrédients (sauf les moules).
2. Répartir les moules dans les paniers inférieurs et intermédiaires du cuiseur vapeur.
3. Faire cuire jusqu'à ce que toutes les moules soient ouvertes en remuant souvent pour obtenir une cuisson uniforme.
4. Réserver les moules au chaud dans le cuiseur.
5. Récupérer le jus des moules dans le bac récupérateur.
6. Le mettre dans la casserole avec la sauce.
7. Faire réduire 3 minutes.
8. Dresser les moules, verser la sauce dessus.

Couscous de fruits de mer

Pour 4 personnes
Recette très facile
Recette chère
Préparation : 15 minutes
Cuisson : 17 minutes

Ingrédients
3 navets
2 carottes
2 courgettes
30 g de pois chiches en conserve, égouttés
2 tomates émondées
2 oignons émincés
8 grosses gambas
8 noix de Saint-Jacques
1 cube de bouillon de volaille
60 g de raisins secs
40 g de dattes
200 g de couscous (grains de taille moyenne)
Harissa en tube
50 g de beurre salé
Sel, poivre.

1. Éplucher les navets et les carottes. Les couper en morceaux ainsi que les courgettes. Déposer les légumes dans le panier du milieu du cuiseur vapeur. Répartir les pois chiches dessus. Ajouter les tomates et les oignons. Assaisonner.
2. Poser les gambas et les Saint-Jacques dans le panier supérieur. Assaisonner.
3. Préparer le bouillon de volaille en délayant le cube dans 50 cl d'eau chaude.
4. Ajouter les raisins secs et les dattes dénoyautées.
5. Placer la semoule de couscous dans le bol du cuiseur vapeur et verser le bouillon chaud.
6. Laisser reposer la semoule 5 minutes avant de la placer dans le panier inférieur.
7. Préparer la sauce harissa assez liquide avec un peu de bouillon réservé.
8. Faire cuire les trois paniers garnis pendant 10 à 12 minutes.
9. Mélanger la graine de couscous avec le beurre et replacer le bol dans le panier du cuiseur vapeur. Juste avant de servir, faire réchauffer 5 minutes à la vapeur.
10. Servir avec la sauce harissa.

Pour 6 personnes
Recette très facile
Recette chère
Préparation : 10 minutes
Cuisson : 5 minutes

Ingrédients
600 g de noix de pétoncles fraîches ou surgelées (décongelées)
2 cuil. à soupe de crème fraîche à 15 % de M. G.
10 feuilles d'estragon hachées
8 cl de fumet de poisson reconstitué
30 g de beurre
2 grosses boîtes d'épinards en branches égouttés
Sel, poivre.

Pétoncles aux épinards

1. Couper les pétoncles en deux.
2. Mettre les pétoncles avec la crème dans un saladier, ajouter les feuilles d'estragon et laisser mariner environ 6 heures au réfrigérateur.
3. Égoutter et réserver le jus de la marinade.
4. Cuire les pétoncles à la vapeur (panier inférieur) environ 5 minutes. Assaisonner. Réserver.
5. Dans une casserole, amener le fumet de poisson à ébullition.
6. Faire réduire le fond de cuisson. Ajouter le jus de la marinade et porter à ébullition.
7. Diminuer le feu, ajouter le beurre et, à l'aide d'un fouet, monter la sauce (passer éventuellement au tamis).
8. Remettre la sauce dans la casserole ; ajouter les pétoncles et réchauffer.
9. Sur un lit d'épinards (préalablement réchauffés au four à micro-ondes), servir la sauce aux fruits de mer.

Pour 4 personnes
Recette facile
Recette raisonnable
Préparation : 15 minutes
Cuisson : 20 minutes

Ingrédients
12 encornets nettoyés (frais ou surgelés)
6 blancs de poireau
3 grosses tomates
Grandes feuilles de salade verte (laitue ou scarole)
100 g de raisins secs
Mélange d'épices : graines de fenouil et piment de Cayenne
10 g de beurre
Sel de mer.

Encornets épicés

1. Couper les encornets en tranches épaisses (on peut aussi en utiliser des prétranchés).
2. Couper les blancs de poireau en lanières dans le sens de la longueur. Éplucher et épépiner les tomates.
3. Tapisser 2 paniers du cuiseur vapeur de feuilles de salade.
4. Poser les tomates coupées en deux. Répartir les raisins secs dans les tomates et saler (une pincée de gros sel). Disposer les encornets et saupoudrer du mélange d'épices.
5. Recouvrir avec les blancs de poireau. Ajouter le beurre.
6. Faire cuire 20 minutes.
7. Servir aussitôt.

Pétoncles
aux épinards

Pour 4 personnes
Recette très facile
Recette raisonnable
Préparation : 20 minutes
Cuisson : 20 minutes

Ingrédients
200 g de fèves surgelées (décongelées)
400 g de crevettes roses
1 laitue entière
10 g de mélange à part égal de gingembre, curry et paprika
20 cl de sauce de soja.

Paupiettes de crevettes

1. Mettre les fèves dans un panier du cuiseur vapeur. Faire cuire 10 minutes.
2. Pendant ce temps, décortiquer les crevettes en gardant juste l'extrémité de la queue.
3. Détacher toutes les feuilles de salade.
4. Préparer 4 « paupiettes » en croisant les feuilles de salade (placer en priorité les grandes feuilles vertes à l'extérieur). Poser les crevettes décortiquées et les fèves, saupoudrer du mélange d'épices.
5. Refermer les paupiettes en croisant et en serrant bien les feuilles de laitue.
6. Mettre les paupiettes dans un panier du cuiseur vapeur. Faire cuire 10 minutes.
7. Servir chaud avec un filet de sauce de soja.

Pour 4 personnes
Recette très facile
Recette raisonnable
Préparation : 10 minutes
Cuisson : 20 minutes

Ingrédients
4 dos de cabillaud
15 feuilles d'oseille fraîche environ
1 cuil. à soupe de crème fraîche
3 cuil. à soupe de fromage blanc à 20 % de M. G.
Sel, poivre.

Cabillaud au coulis d'oseille

1. Mettre les dos de cabillaud dans le panier inférieur du cuiseur vapeur. Assaisonner. Ajouter les feuilles d'oseille.
2. Faire cuire 20 minutes.
3. Prélever les feuilles d'oseille et réserver le poisson au chaud.
4. Mixer les feuilles avec la crème et le fromage blanc, jusqu'à l'obtention d'un coulis homogène. Rectifier l'assaisonnement.
5. Dresser à l'assiette.
6. Verser la sauce sur le poisson.
7. Servir rapidement.

Pour 4 personnes
Recette très facile
Recette raisonnable
Préparation : 10 minutes
Cuisson : 20 minutes

Ingrédients
1 poivron rouge
4 dos de cabillaud
300 g d'épinards en feuilles
2 jaunes d'œufs durs
20 g de crème d'anchois
2 cuil. à soupe de crème fraîche épaisse
Fleur de sel de Guérande, poivre blanc.

Cabillaud tout vert

1. Découper le poivron en deux et l'épépiner.
2. Placer les dos de cabillaud enveloppés dans du papier sulfurisé dans le panier supérieur du cuiseur vapeur.
3. Laver les feuilles d'épinard et les mettre dans le panier intermédiaire. Saler copieusement.
4. Mettre les demi-poivrons dans le panier inférieur. Faire cuire à la vapeur pendant 15 minutes.
5. Garder au chaud les dos de cabillaud dans l'appareil. Sortir le poivron en premier et le passer sous l'eau froide. Le sécher avec du papier absorbant et enlever la peau.
6. Après l'avoir séché, hacher finement une moitié de poivron. Couper en fines lanières l'autre moitié.
7. Sortir les épinards et les égoutter, dans une passoire, en pressant dessus.
8. Les hacher grossièrement. Les mélanger avec le poivron haché, les jaunes d'œufs durs émiettés, la crème d'anchois et la crème fraîche. Ajuster l'assaisonnement.
9. Vérifier la cuisson des dos de cabillaud (selon l'épaisseur, il faut peut-être 5 minutes supplémentaires de cuisson).
10. Pour servir, placer dans les assiettes un lit d'épinards et un dos de cabillaud sur lequel on dispose en croisillons les lanières de poivrons. Servir avec la sauce.

Pour 4 personnes
Recette très facile
Recette raisonnable
Préparation : 30 minutes
Cuisson : 25 minutes

Ingrédients
2 bulbes de fenouil
Piment d'Espelette
Le jus de 1 citron
10 g de graines de fenouil
4 filets de flétan
4 cuil. à soupe d'huile d'olive
1 tomate émondée, épépinée, taillée en dés
Aneth (facultatif)
Sel, poivre vert.

Filets de flétan au fenouil

1. Émincer les bulbes de fenouil. Les saler puis ajouter du piment (selon son goût) et le jus de citron.
2. Ajouter les graines de fenouil.
3. Cuire pendant 15 minutes au cuiseur vapeur (panier inférieur).
4. Poser le poisson dessus et poursuivre la cuisson 10 minutes de plus.
5. Assaisonner le poisson.
6. Sur une assiette, poser le fenouil et placer le filet de poisson dessus. Ajouter 1 cuillerée à soupe d'huile d'olive autour, les dés de tomate et l'aneth.

Pour 4 personnes
Recette très facile
Recette raisonnable
Préparation : 15 minutes
Cuisson : 25 minutes

Ingrédients
500 g de champignons de Paris
1 oignon
1 échalote
20 g de beurre
1 cuil. à café de jus de citron
1 cuil. à soupe de crème fraîche
4 filets de grenadier
Sel, poivre.

Grenadier aux champignons

1. Laver les champignons rapidement, les éponger. Couper les pieds et hacher finement les têtes en ajoutant l'oignon et l'échalote également hachés.
2. Faire chauffer le beurre dans une poêle, ajouter le hachis et le jus de citron.
3. Rectifier l'assaisonnement. Faire revenir à feu vif pour faire évaporer l'eau des champignons. Ajouter alors la crème fraîche et remuer.
4. Étaler l'émincé de champignons sur les filets de grenadier. Les rouler en les maintenant avec une pique en bois. Les assaisonner.
5. Les poser sur une feuille de papier sulfurisé et les placer dans le panier inférieur et supérieur du cuiseur vapeur.
6. Faire cuire à la vapeur pendant 15 minutes.
7. Servir de suite.

Filets de flétan au fenouil

Lotte à la choucroute

Pour 4 personnes
Recette facile
Recette chère
Préparation : 10 minutes
Cuisson : 15 minutes

Ingrédients
100 g de lardons fins (lamelles) nature maigres
400 g de choucroute cuite
4 morceaux de lotte de 150 g
1 citron
4 noisettes de beurre demi-sel
4 cuil. à soupe de crème fraîche
4 cuil. à café d'œufs de lump
Sel, poivre.

1. *Mélanger les lardons fins avec la choucroute. Poivrer.*
2. *Déposer, sur 4 feuilles de papier sulfurisé, de la choucroute, 1 morceau de lotte, 1 rondelle de citron, 1 noisette de beurre, 1 cuillerée à soupe de crème fraîche, du sel et du poivre.*
3. *Refermer les papillotes et, éventuellement, maintenir avec une pique de bois.*
4. *Mettre les papillotes dans le panier inférieur du cuiseur vapeur.*
5. *Laisser cuire 15 minutes.*
6. *Servir, papillote ouverte, décoré d'œufs de lump.*

Saumon en robe verte

Pour 2 personnes
Recette facile
Recette raisonnable
Préparation : 10 minutes
Cuisson : 30 minutes

Ingrédients
4 grandes feuilles de chou vert
2 pavés de saumon
1 citron
4 cuil. à soupe de ciboulette ciselée
Sel, poivre.

1. *Laver les feuilles de chou et retirer les plus grosses côtes. Les blanchir 5 minutes dans une grande casserole d'eau bouillante. Les plonger dans de l'eau très froide.*
2. *Les égoutter et les laisser sécher sur du papier absorbant.*
3. *Couper 2 rondelles de citron et presser le reste en jus.*
4. *Laver et ciseler la ciboulette.*
5. *Étaler les feuilles de chou en les faisant se chevaucher deux par deux. Mettre au centre 1 tranche de saumon et 1 rondelle de citron. Arroser de jus de citron, parsemer de ciboulette. Assaisonner.*
6. *Rabattre les feuilles de chou de façon à confectionner 2 petits ballotins. Les attacher avec de la ficelle de cuisine.*
7. *Cuire à la vapeur 20 à 25 minutes.*
8. *Servir aussitôt.*

Lotte
à la choucroute

Pour 4 personnes
Recette très facile
Recette raisonnable
Préparation : 10 minutes
Cuisson : 15 minutes

Ingrédients
1 oignon émincé
1 gousse d'ail écrasée sans le germe
50 g de tomates séchées hachées
1 courgette coupée en cubes
1 poivron rouge coupé en dés et épépiné
1/2 tasse d'olives noires dénoyautées
4 filets de sole
Le jus de 1/2 citron
3 cuil. à soupe d'huile d'olive extravierge
Sel, poivre.

Filet de sole à la vapeur de légumes

1. Placer tous les légumes dans le panier inférieur du cuiseur vapeur. Assaisonner. Faire cuire 10 minutes.
2. Déposer les filets de sole sur les légumes.
3. Arroser les filets de jus de citron. Assaisonner. Poursuivre la cuisson pendant 5 minutes.
4. Servir chaud, arrosé d'huile d'olive.

Pour 4 personnes
Recette très facile
Recette raisonnable
Préparation : 5 minutes
Cuisson : 15 minutes

Ingrédients
4 filets de truite
2 cuil. à soupe d'huile d'olive
2 cuil. à soupe de vin blanc
3 cuil. à soupe d'un mélange de fines herbes fraîches hachées (ciboulette, persil, estragon)
1 gousse d'ail écrasée sans le germe
2 cuil. à soupe de jus de citron
1 citron tranché en rondelles
Sel, poivre.

Filets de truite aux fines herbes

1. Badigeonner les filets de truite avec l'huile d'olive.
2. Les déposer sur une feuille de papier sulfurisé dans le bol inférieur du cuiseur vapeur.
3. Ajouter les autres ingrédients sur les filets de truite et entourer de rondelles de citron. Assaisonner.
4. Faire cuire pendant 15 minutes.
5. Décorer avec les rondelles de citron cuites.

Servir avec des céréales de son choix.

Pour obtenir une saveur méditerranéenne, remplacer les herbes par du romarin, ou, pour une saveur plus relevée, choisir du gingembre en poudre.

Filet de sole à la vapeur de légumes

Assiette
« Terre-Mer »,
page 40

Cuisine à la vapeur
Plats et légumes

Le mode de cuisson le plus adapté pour les préparer.
Partez à la découverte des saveurs et osez l'originalité.

Pour 2 personnes
Recette difficile
Recette chère
Préparation : 20 minutes
Cuisson : 15 minutes

Ingrédients
60 g de saumon fumé
1 feuille de nori (algue séchée, en magasin asiatique)
2 suprêmes de volaille de 150 g chacun (sur un poulet de 1,3 kg)
10 cl de bouillon de volaille réhydraté
Le jus de 1 citron
1 cuil. à café de fécule de pomme de terre
50 g de beurre
50 g de salade exotique naturelle égouttée (en conserve)
Sel, poivre.

Assiette « Terre-Mer »

1. *Couper 4 morceaux de saumon de taille à peu près égale à celle des suprêmes de volaille. Découper la feuille de nori en quatre (prendre 2 feuilles si elles sont de petite taille).*
2. *Séparer les aiguillettes et inciser les suprêmes, puis installer le nori et le saumon, recouvrir avec l'aiguillette avant de rouler le tout dans un film alimentaire.*
3. *Enrouler les côtés du film comme un bonbon (ils doivent être repliés par-dessous). Fermer bien hermétiquement. Cuire 10 minutes à la vapeur.*
4. *Faire bouillir dans une casserole le bouillon avec le jus de citron.*
5. *Hors du feu, lier avec la fécule délayée avec un peu d'eau, remettre 1 minute sur le feu et ajouter le beurre à la sauce au dernier moment. Rectifier l'assaisonnement.*
6. *Couper les bouts du film et dresser des tranches de suprêmes sur une assiette avec un peu de mélange exotique tiédi au four à micro-ondes. Napper avec la sauce.*

Accompagner de riz ou de nouilles fraîches.

Dinde aux courgettes

Pour 1 personne
Recette facile
Recette peu coûteuse
Préparation : 5 minutes
Cuisson : 15 minutes

Ingrédients
1 blanc de dinde
1 petit oignon
1/4 de poivron rouge
200 g de courgettes en rondelles
Herbes de Provence
Graines de sésame
Sel, poivre.

1. Couper la viande en petits morceaux.
2. Émincer l'oignon. Couper le poivron en petits morceaux.
3. Dans le panier inférieur, mettre la viande, le poivron, l'oignon et les courgettes. Saler et poivrer le tout.
4. Ajouter des herbes de Provence dans le bac de récupération.
5. Faire cuire à la vapeur pendant 15 minutes.
6. Servir chaud, saupoudré de graines de sésame.

Semoule à la dinde

Pour 4 personnes
Recette facile
Recette raisonnable
Préparation : 10 minutes
Cuisson : 35 minutes

Ingrédients
2 poireaux
3 tomates
4 blancs de dinde
1 cuil. à soupe d'huile de pépins de raisin
1 petit piment rouge finement haché
250 g de semoule de blé (grain de taille moyenne)
2 oignons émincés
Sel, poivre.

1. Ôter le pied et le vert des poireaux. Les couper en fines rondelles.
2. Laver et couper les tomates en petits dés.
3. Couper les blancs de dinde en lamelles.
4. Mettre tous les ingrédients dans le bol du cuiseur vapeur.
5. Ajouter l'huile de pépins de raisin et le piment. Saler, poivrer. Bien mélanger.
6. Placer le bol dans le panier inférieur du cuiseur vapeur.
7. Faire cuire pendant 35 minutes.
8. Servir chaud.

Pour 4 personnes
Recette très facile
Recette raisonnable
Préparation : 15 minutes
Cuisson : 30 minutes

Ingrédients
4 blancs de pintade avec la peau
1 oignon haché
50 g de raisins de Corinthe
1 cuil. à soupe de miel
1/2 zeste de citron
2 cuil. à soupe de vinaigre balsamique
1 cuil. à soupe de vinaigre de xérès
Sel, poivre.

Pintade sucrée-acide

1. *Disposer dans le bol du cuiseur vapeur les blancs de pintade assaisonnés, l'oignon, les raisins, le miel, le zeste de citron et les vinaigres.*
2. *Mettre le bol dans le panier inférieur du cuiseur vapeur.*
3. *Faire cuire 30 minutes.*
4. *Remuer pour lier la sauce.*
5. *Servir aussitôt.*

Pour 4 personnes
Recette facile
Recette peu coûteuse
Préparation : 10 minutes
Cuisson : 30 minutes

Ingrédients
1 boule de mozzarella
1 tomate pelée et épépinée
1 blanc de poulet déjà cuit (on peut utiliser des restes)
10 feuilles de coriandre fraîche
25 cl de lait concentré non sucré
1 cuil. à soupe bombée de farine
2 œufs
Sel, poivre.

Flan de poulet

1. *Couper la mozzarella et la tomate en dés. Les répartir dans 4 raviers.*
2. *Émincer le poulet et l'ajouter, ainsi que la coriandre.*
3. *Dans un bol, mélanger le lait, la farine, les œufs, du sel et du poivre.*
4. *Remplir les raviers de ce mélange.*
5. *Placer le tout dans le panier inférieur du cuiseur vapeur.*
6. *Cuire 30 minutes.*

Cette recette peut se préparer à l'avance et se réchauffer 10 minutes environ, à la vapeur également. De cette façon, les flans ne sèchent pas.

Pintade sucrée-acide

Cuisse de poulet méridionale

Pour 2 personnes
Recette très facile
Recette peu coûteuse
Préparation : 10 minutes
Cuisson : 45 minutes

Ingrédients
2 cuisses de poulet
50 g de riz long parfumé
25 cl de bouillon de volaille réhydraté
Une pincée de safran
2 tomates
2 courgettes
1 poivron vert
Quelques olives noires (facultatif)
Sel, poivre.

1. Placer les cuisses de poulet, le riz et le bouillon dans le bol à riz du cuiseur vapeur.
2. Assaisonner et ajouter le safran.
3. Mettre le bol à riz dans le panier inférieur du cuiseur vapeur.
4. Couper les tomates en quartiers, les courgettes en tronçons, le poivron en lanières.
5. Mettre tous les légumes dans le panier intermédiaire. Assaisonner.
6. Faire cuire 45 minutes.
7. Servir ensemble légumes, viande et riz.

Poulet à la noix de coco

Pour 4 personnes
Recette très facile
Recette peu coûteuse
Préparation : 15 minutes
Cuisson : 30 minutes

Ingrédients
4 escalopes de poulet
2 cuil. à soupe d'huile de tournesol
1 oignon émincé
1 poivron rouge
20 cl de lait de coco
3 cuil. à soupe de curry
2 cuil. à soupe de crème fraîche
Curry en poudre (facultatif)
Sel, poivre.

1. Couper la viande en lamelles.
2. Dans une poêle, faire revenir avec l'huile l'oignon émincé finement et le poivron découpé en morceaux. Faire revenir le tout 3 minutes. Rectifier l'assaisonnement.
3. Ajouter le lait de coco et le curry. Faire cuire à feu doux 10 minutes.
4. Mettre cette préparation dans le bol du cuiseur vapeur. Placer ce bol dans le panier inférieur du cuiseur vapeur.
5. Mettre la viande dans le panier intermédiaire du cuiseur vapeur. Faire cuire le tout 15 minutes.
6. Retirer la viande et la sauce. Lier celle-ci en y ajoutant la crème. Rectifier l'assaisonnement.
7. Dresser la viande nappée de sauce. Saupoudrer de curry.

Cuisse de poulet méridionale

Pour 4 personnes
Recette facile
Recette peu coûteuse
Préparation : 15 minutes
Cuisson : 25 minutes

Ingrédients
1 poivron rouge
1/2 aubergine
2 carottes
1 oignon
1 courgette
1 noisette de beurre
4 cuil. à soupe de fond de veau réhydraté
4 steaks hachés à 5 % de M. G.
Épices au choix : cumin ou curry
Sel de céleri, poivre.

Boulettes de viande aux légumes

1. Couper tous les légumes en tout petits morceaux. Faire fondre la noisette de beurre dans une poêle.
2. Y faire cuire les légumes en remuant. Ajouter du sel de céleri et du poivre.
3. Verser par la suite, tout en remuant, le fond de veau.
4. Laisser cuire, à couvert, environ 10 à 15 minutes.
5. Égoutter et mélanger avec la viande hachée. Ajouter les épices. Rectifier l'assaisonnement.
6. Former 16 boulettes. Déposer dans le panier inférieur.
7. Mettre à cuire dans le cuiseur vapeur environ 10 minutes.
8. Mettre dans un plat. Servir chaud saupoudré des épices choisies.

Pour 4 personnes
Recette facile
Recette raisonnable
Préparation : 15 minutes
Cuisson : 14 minutes

Ingrédients
400 g de filet mignon de porc
15 grains de poivre
20 cl de crème fraîche liquide
1 cuil. à café de concentré de tomates
5 cl de porto blanc
Sel, poivre gris concassé.

Filet mignon au porto

1. Détailler le filet mignon en 8 noisettes, les saler, les parsemer de poivre en grains concassés.
2. Les placer dans le panier inférieur du cuiseur vapeur. Faire cuire 12 minutes.
3. Mélanger dans une casserole la crème, le concentré de tomates et le porto. Rectifier l'assaisonnement.
4. Porter à ébullition 2 minutes.
5. Dresser les filets mignons et napper de sauce.

Boulettes de viande aux légumes

Pour 4 personnes
Recette facile
Recette peu coûteuse
Préparation : 20 minutes
Cuisson : 30 minutes

Ingrédients
500 g de légumes (1 courgette, 1 aubergine, 2 petites pommes de terre)
1 gros oignon
Huile d'olive
7 filets d'anchois à l'huile
1 gousse d'ail hachée sans le germe
2 brins de persil
3 œufs
Beurre
Un peu de parmesan râpé
Sel, poivre.

Petits gratins soufflés de légumes

1. *Laver et éplucher les légumes. Les couper en tout petits morceaux.*
2. *Faire cuire les légumes 9 minutes à la vapeur puis les égoutter.*
3. *Dans une poêle, faire revenir l'oignon émincé dans un peu d'huile d'olive. Quand les oignons blondissent, ajouter les anchois, laisser cuire 1 minute puis ajouter l'ail et le persil haché.*
4. *Ajouter les légumes, mélanger et laisser cuire 5 minutes à feu doux. Laisser refroidir.*
5. *Séparer les blancs des jaunes d'œufs.*
6. *Monter les blancs en neige. Une fois les légumes refroidis, ajouter les jaunes d'œufs en mélangeant puis incorporer les blancs en neige sans les casser.*
7. *Vérifier l'assaisonnement et remplir des petits moules beurrés avec la préparation.*
8. *Saupoudrer de parmesan et faire cuire 9 minutes à la vapeur.*

Pour un aspect gratiné, on peut passer les gratins quelques minutes sous le gril du four avant de servir.

Roulades d'asperges

Pour 4 personnes
Recette facile
Recette raisonnable
Préparation : 10 minutes
Cuisson : 30 minutes

Coulis de tomates
1 grande boîte de tomates pelées entières, sans le jus
12 feuilles de basilic
1 cuil. à soupe d'huile d'olive
1 gousse d'ail hachée
1 oignon émincé
Sel, poivre.
Roulades
16 asperges fines épluchées
16 tranches de bacon
2 cuil. à soupe d'huile d'olive.

1. Mixer tous les ingrédients du coulis. Réserver.
2. Cuire les asperges à la vapeur pendant 30 minutes.
3. Enrouler les asperges en paquet de 2 avec le bacon (compter 2 tranches par roulade).
4. Fixer les roulades avec des cure-dents.
5. Dans une poêle, à feu vif, chauffer l'huile et bien saisir les roulades de tous les côtés.
6. Servir avec le coulis de tomates, chaud ou froid.

Chou-fleur à la crème de sauge

Pour 4 personnes
Recette très facile
Recette peu coûteuse
Préparation : 10 minutes
Cuisson : 30 minutes

Ingrédients
1 chou-fleur de taille moyenne
3 cuil. à soupe de sauge hachée
20 cl de crème fraîche liquide
Quelques feuilles de sauge entières (facultatif)
Quelques graines de moutarde (facultatif)
Sel, poivre.

1. Éplucher, découper le chou-fleur en petits bouquets de même taille et les laver.
2. Placer les bouquets de chou-fleur dans les paniers du cuiseur vapeur. Assaisonner.
3. Placer la moitié de la sauge hachée dans le bac de récupération.
4. Faire cuire pendant 30 minutes (si nécessaire, poursuivre la cuisson jusqu'à ce qu'ils soient tendres).
5. Dans une casserole, faire chauffer doucement la crème. Ajouter le reste de sauge.
6. Servir les bouquets de chou-fleur dans un plat chaud et verser dessus la crème de sauge.
7. Décorer des feuilles entières et des graines de moutarde.

*Chou-fleur
à la crème de sauge,*
page 49

Courgettes farcies, page 52

Courgettes farcies

Pour 4 personnes
Recette facile
Recette raisonnable
Préparation : 10 minutes
Cuisson : 35 minutes

Ingrédients
2 grosses courgettes
8 tranches de bacon
1 oignon haché
400 g de tomates concassées (fraîches ou en conserve)
2 gousses d'ail écrasées sans le germe
2 cuil. à soupe de basilic frais haché
4 cuil. à soupe de pignons de pin
4 cuil. à soupe de chapelure
Sel, poivre.

1. Couper les courgettes en deux et les évider délicatement en ménageant une « trouée » centrale.
2. Hacher finement la chair avec le bacon, l'oignon, les tomates et l'ail.
3. Ajouter le basilic puis rectifier l'assaisonnement.
4. Remplir les courgettes de la garniture, parsemer de pignons de pin et de chapelure. Placer dans le panier inférieur du cuiseur vapeur.
5. Faire cuire pendant 35 minutes.
6. Servir chaud.

Flans de courgettes et pommes de terre

Pour 4 personnes
Recette très facile
Recette peu coûteuse
Préparation : 5 minutes
Cuisson : 55 minutes

Ingrédients
225 g de courgettes
1 petite pomme de terre
2 œufs
12,5 cl de crème fraîche à 35 % de M. G.
Noix muscade (facultatif)
Sel, poivre.

1. Laver les courgettes et la pomme de terre. Les découper en tronçons. Les placer dans le panier inférieur du cuiseur vapeur. Faire cuire pendant 25 minutes.
2. Dans un mixeur, déposer les courgettes, la pomme de terre, les œufs et la crème. Réduire en purée. Rectifier l'assaisonnement.
3. Verser dans un moule en silicone (ou à défaut dans un moule beurré) adapté à la taille du panier du cuiseur vapeur. Faire cuire 30 minutes à la vapeur.
4. Saupoudrer de noix muscade râpée et servir chaud.

Pour 4 personnes
Recette facile
Recette peu coûteuse
Préparation : 5 minutes
Cuisson : 35 minutes

Ingrédients
1 poivron rouge
1 poivron vert
1 aubergine
1 courgette
2 oignons émincés
3 tomates pelées et épépinées
2 gousses d'ail écrasées sans le germe
1 cuil. à soupe d'huile d'olive
1 cuil. à café d'origan émincé
Quelques feuilles d'origan frais (facultatif)
Sel, poivre.

Ratatouille vapeur

1. Laver les légumes sous l'eau courante. Épépiner les poivrons. Découper tous les légumes en morceaux.
2. Mettre tous les ingrédients dans le bol du cuiseur vapeur.
3. Ajouter l'huile d'olive et l'origan. Saler, poivrer. Bien mélanger.
4. Placer le bol dans le panier inférieur du cuiseur vapeur.
5. Faire cuire pendant 35 minutes.
6. Servir chaud, décoré de feuilles d'origan frais.

Pour 4 personnes
Recette très facile
Recette peu coûteuse
Préparation : 10 minutes
Cuisson : 25 minutes

Ingrédients
300 g d'épinards en conserve égouttés
3 grosses tomates fermes
1 œuf
2 cuil. à soupe de fromage frais
2 cuil. à café de noix muscade râpée
Sel, poivre.

Tomates farcies aux épinards

1. Presser les épinards à travers une passoire pour enlever l'excès d'eau.
2. Découper un couvercle sur chaque tomate, enlever les graines et la chair. Saler l'intérieur.
3. Fouetter l'œuf avec le fromage frais, du sel, du poivre et la muscade. Ajouter les épinards.
4. Garnir les tomates et les coiffer de leurs couvercles.
5. Placer les tomates dans le bol inférieur du cuiseur vapeur. Faire cuire 25 minutes.
6. Servir chaud.

54

Pudding aux marrons, page 56

Cuisine à la vapeur
Desserts

Des recettes classiques ou plus originales,
une nouvelle façon de concevoir la préparation
des petites douceurs sucrées faites maison...

Pour 4 personnes
Recette très facile
Recette peu coûteuse
Préparation : 10 minutes
Cuisson : 30 minutes

Ingrédients
350 g de purée de marrons au naturel
10 cl de crème fraîche épaisse
5 œufs
150 g de sucre en poudre
50 g de raisins secs
5 cl de rhum
Beurre
Rhum pour le flambage (facultatif).

Pudding aux marrons

1. *Mélanger la purée de marrons avec la crème. Ajouter les œufs battus avec le sucre, les raisins et le rhum. Bien mélanger.*
2. *Répartir la préparation dans des ramequins beurrés.*
3. *Couvrir d'un film alimentaire. Placer dans le panier inférieur du cuiseur vapeur.*
4. *Faire cuire pendant 30 minutes. Laisser refroidir.*
5. *Démouler. Servir frais et flamber au rhum.*

Pour 4 personnes
Recette très facile
Recette peu coûteuse
Préparation : 15 minutes
Cuisson : 18 minutes

Ingrédients
4 belles poires bien mûres
1/2 citron
125 g de chocolat à cuire
10 cl de crème fraîche allégée.

Poires chocolatées

1. *Peler les poires, les frotter avec le citron.*
2. *Les placer dans le panier inférieur du cuiseur vapeur.*
3. *Faire cuire 15 minutes (en moyenne). Prolonger la cuisson selon la taille des poires.*
4. *Les réserver au frais.*
5. *Faire fondre le chocolat au bain-marie avec 1 cuillerée d'eau.*
6. *Ajouter la crème. Bien mélanger.*
7. *Dresser les poires, les napper de sauce au chocolat chaude.*
8. *Servir aussitôt.*

Compote de pommes croustillante

Pour 4 personnes
Recette très facile
Recette peu coûteuse
Préparation : 10 minutes
Cuisson : 40 minutes

Ingrédients
800 g de pommes acides (de type reinette)
1 gousse de vanille
Le jus de 1 citron.
Pour le croustillant
2 ou 3 tranches de pain rassis
2 cuil. à soupe d'huile de tournesol
4 cuil. à soupe de flocons d'avoine
2 cuil. à soupe d'amandes effilées
2 cuil. à soupe de graines de tournesol
2 cuil. à soupe de miel.

1. Peler les pommes et les découper en dés.
2. Couper la gousse de vanille en deux, gratter les graines.
3. Déposer les dés de pomme épépinés et citronnés avec les graines de vanille dans le bol du cuiseur vapeur. Le déposer dans le panier inférieur du cuiseur vapeur.
4. Faire cuire pendant 15 minutes.
5. Concasser en tout petits morceaux les tranches de pain sec.
6. Faire dorer à feu doux, dans une poêle, avec un fond d'huile, les miettes de pain avec les flocons d'avoine, les amandes et les graines de tournesol – en mélangeant souvent. Puis sucrer au miel. La cuisson peut prendre entre 15 et 25 minutes.
7. Dans des ramequins individuels, verser une couche de purée de pommes, une couche de « croustillant », et terminer par une couche de pommes et quelques pincées de croustillant.
8. Servir tiède ou froid.

Pomme surprise

Pour 4 personnes
Recette très facile
Recette peu coûteuse
Préparation : 5 minutes
Cuisson : 15 minutes

Ingrédients
20 g de raisins secs blonds
30 g de noix de pécan
40 g de pistaches
4 pommes style jonared.

1. Émincer les raisins secs, les noix de pécan et les pistaches.
2. Évider les pommes sans les transpercer complètement
3. Remplir le cœur des pommes du mélange précédent.
4. Les mettre dans le panier inférieur du cuiseur vapeur.
5. Faire cuire 15 minutes.
6. Servir tiède.

Œufs au lait au café

Pour 4 personnes
Recette très facile
Recette peu coûteuse
Préparation : 5 minutes
Cuisson : 20 minutes

Ingrédients
50 cl de lait demi-écrémé
1/2 gousse de vanille
1 fond de tasse de café fort
1 cuil. à soupe de cacao en poudre
4 œufs battus
60 g de sucre en poudre
Vanille en poudre (facultatif).

1. *Faire chauffer le lait avec la gousse de vanille fendue, le fond de café et le cacao, que l'on aura fouetté à froid.*
2. *Retirer du feu et laisser infuser 5 minutes.*
3. *Fouetter les œufs entiers avec le sucre jusqu'à ce qu'ils moussent.*
4. *Ôter la gousse de vanille. Verser le lait bouillant en filets en battant toujours vigoureusement.*
5. *Verser la crème dans des ramequins couverts de film alimentaire.*
6. *Mettre à cuire 15 minutes à la vapeur.*
7. *Saupoudrer de poudre de vanille.*
8. *Servir froid.*

Riz au lait vanillé

Pour 4 personnes
Recette très facile
Recette peu coûteuse
Préparation : 10 minutes
Cuisson : 30 minutes
Repos : 3 heures

Ingrédients
30 cl de lait demi-écrémé
125 g de riz
Vanille en poudre
50 g de sucre en poudre
Une pincée de sel.

1. *Mélanger dans le bol à riz le lait chaud, le sel, le riz, la vanille.*
2. *Déposer le bol à riz dans le panier inférieur du cuiseur vapeur.*
3. *Faire cuire 30 minutes.*
4. *Ajouter le sucre, mélanger.*
5. *Servir tiède ou froid.*

Œufs au lait
au café

Pour 4 personnes
Recette très facile
Recette peu coûteuse
Préparation : 10 minutes
Cuisson : 25 minutes

Ingrédients
1 œuf + 2 jaunes
100 g de sucre en poudre
25 g d'amandes en poudre
50 g de fécule de maïs
25 cl de lait demi-écrémé
25 cl de crème fraîche liquide
8 abricots bien mûrs (à défaut, au sirop).

Ramequins aux abricots

1. Casser les œufs dans un saladier. Ajouter le sucre, la poudre d'amande et la fécule de maïs.
2. Ajouter le lait et la crème. Bien mélanger le tout.
3. Découper les abricots en deux. Les dénoyauter et disposer les oreillons dans des ramequins. Verser la crème par-dessus.
4. Les placer dans les paniers du cuiseur vapeur.
5. Mettre dessus une feuille de papier sulfurisé.
6. Faire cuire pendant 25 minutes.

Pour 4 personnes
Recette très facile
Recette peu coûteuse
Préparation : 5 minutes
Cuisson : 25 minutes

Ingrédients
250 g de sucre en poudre
Le zeste râpé de 1 citron non traité
Le jus de 2 citrons verts
6 œufs.

Crème citronnée

1. Chauffer 30 cl d'eau avec le sucre et le zeste de citron dans une casserole.
2. Hors du feu, ajouter le jus de citron. Verser sur les œufs battus. Bien mélanger. Filtrer.
3. Verser la crème dans 4 ramequins. Couvrir d'un film alimentaire.
4. Mettre les ramequins dans le panier inférieur du cuiseur vapeur.
5. Faire cuire 25 minutes.
6. Servir bien froid décoré de zestes de citron.

Pour 2 personnes
Recette facile
Recette peu coûteuse
Préparation : 10 minutes
Cuisson : 10 minutes
Repos : 1 heure

Ingrédients
1 orange non traitée
2 grosses bananes bien mûres
25 g de sucre en poudre
1 cuil. à soupe de Grand Marnier
50 g de raisins secs.

Bananes surprise

1. Râper le zeste de l'orange, en extraire le jus.
2. Peler les bananes. Les couper en deux. Les mettre dans un plat creux. Mélanger le sucre avec le zeste et le jus d'orange, le Grand Marnier et les raisins.
3. Verser sur les bananes, laisser macérer 1 heure.
4. Découper 2 rectangles de papier sulfurisé, disposer sur chacun 1 banane. Partager le jus et les raisins.
5. Fermer les papillotes le plus hermétiquement possible.
6. Les placer dans le panier inférieur du cuiseur vapeur.
7. Faire cuire 10 minutes.

Pour 4 personnes
Recette très facile
Recette peu coûteuse
Préparation : 5 minutes
Cuisson : 15 minutes

Ingrédients
4 bananes
4 cuil. à café de sucre en poudre (facultatif)
1/2 gousse de vanille.

Bananes à la vanille

1. Fendre la peau des bananes. Déposer les bananes sur 4 morceaux de papier sulfurisé. Napper chacune de 1 cuillerée à café de sucre. Gratter les graines de la gousse de vanille fendue pour les 4 bananes. Fermer soigneusement la papillote pour qu'elle soit bien hermétique.
2. Faire cuire 15 minutes.

Bananes surprise,
page 61

Brochettes de fruits exotiques

Pour 4 personnes
Recette très facile
Recette raisonnable
Préparation : 15 minutes
Cuisson : 10 minutes

Ingrédients
2 bananes bien mûres
1 mangue bien mûre
1 ananas Victoria (de préférence)
1 verre de jus d'orange
2 fruits de la passion.

1. Éplucher et peler les fruits.
2. Tailler les fruits : les bananes en rondelles de 2 cm, la mangue en dés (réserver les restants de pulpe qui se trouvent autour du noyau pour le coulis), l'ananas en six, puis en triangles.
3. Monter les brochettes sur les pics, en alternant les fruits.
4. Faire cuire 10 minutes dans les paniers du cuiseur vapeur.
5. Préparer le coulis en mixant les restants de mangue avec le jus d'orange et la pulpe des fruits de la passion.
6. Servir les brochettes tièdes avec le coulis.

Fruits à la fondue de chocolat

Pour 4 personnes
Recette très facile
Recette peu coûteuse
Préparation : 10 minutes
Cuisson : 15 minutes

Ingrédients
3 bananes
4 kiwis
1 sachet de sucre vanillé
150 g de chocolat noir.

1. Éplucher les fruits. Les découper en gros morceaux.
2. Les placer dans le bol du cuiseur vapeur. Saupoudrer de sucre vanillé.
3. Déposer le bol dans le panier intermédiaire au cuiseur vapeur.
4. Découper le chocolat en morceaux. Le mettre dans un ramequin et placer celui-ci dans le panier inférieur du cuiseur vapeur.
5. Faire cuire pendant 15 minutes.
6. Retirer les fruits du bol et verser la sauce au chocolat dessus.
7. Servir aussitôt.

Brochettes
de fruits
exotiques

Table des matières